Impressum
Verlag: BABADADA GmbH, Nedderfeld 112 , 22529 Hamburg
Geschäftsführer / Verlagsleitung: Harald Hof
Druck: Books on Demand GmbH, In de Tarpen 42, 22848 Norderstedt

Imprint
Publisher: BABADADA GmbH, Nedderfeld 112 , 22529 Hamburg, Germany
Managing Director / Publishing direction: Harald Hof
Print: Books on Demand GmbH, In de Tarpen 42, 22848 Norderstedt, Germany

школа

كلاس روم
класна кімната

ونڈ كرڻ
ділити

186/2

اسكول جو اڳڻ
шкільний двір

بورڊ
дошка

استاد
вчитель

كاغذ
папір

لکڻ
писати

پين
ручка

ميز
письмовий стіл

فُٽ پَٽِي
лінійка

كتاب
книга

شاگرد
учень

بستو
....
ранець

پينسل باكس
....
пенал

پينسل
....
олівець

پينسل شارپنر
....
точило

رٻڙ
....
гумка

ڊرائنگ پيڊ
....
альбом для малювання

ڈراننگ

малюнок

پینٹ برش

пензель

پینٹ باکس

коробка фарб

قینچی

ножиці

کنوزر

клей

مشق کرنے واری کاپی

зошит

ہوم ورک

домашнє завдання

12

عدد

число

2+2

جوڑ کرنا

додавати

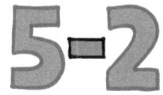

5-2

کٹ کرنا

віднімати

2×2

ضرب کرنا

множити

حساب کرنا

рахувати

A

خط

літера

ABCDEFG
HIJKLMN
OPQRSTU
VWXYZ

الفابیٹ

абетка

hello

لفظ

слово

مضمون

текст

پڑھنا

читати

چاک

крейда

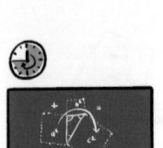

سبق

година

رجسٹر

класний журнал

امتحان

екзамен

سرٹیفیکیٹ

диплом

اسکول یونیفارم

шкільна форма

تعلیم

освіта

انسائکلوپیڈیا

лексикон

یونیورسٹی

університет

خوردبینی

мікроскоп

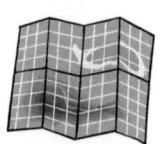

نقشو

карта

ردی جی ٹوکری

кошик для паперу

هوتـل
готель

هاسـتـل
турбаза

رقم تبدیل کرائے جي آفیس
обмінний пункт

سوت کیس
валіза

کـار
автомобіль

ٻولي
мова

ها یا نه
так / ні

صحیح آهي
добре

ٻولي
мова

ها یا نه
так / ні

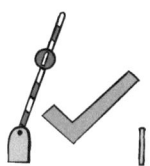

صحیح آهي
добре

هیلو
привіт

مترجم
перекладач

مهرباني
дякую

هن جي قيمت گهٽي آهي.....؟

Скільки коштує ...?

مون کي سمجھ ۾ نٿو اچي

Я не розумію

مسئلو

проблема

گڊ ايوننگ

Добрий вечір!

صبح بخير

Доброго ранку!

شب خير

На добраніч!

الوداع

До побачення

طرف

напрямок

سفري سامان

багаж

بيگ

сумка

پويان بڌن وارو بيگ

рюкзак

مهمان

гість

ڪمرو

кімната

بستر وارو بيگ

спальний мішок

خيمو

намет

سياحت بابت معلومات

туристична інформація

سمند کنارو

пляж

کریډټ کارډ

кредитна картка

ناشتو

сніданок

لنچ

обід

دنر

вечеря

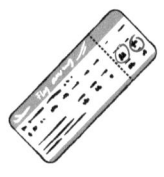

ټکټ

квиток

لفټ

ліфт

مهر

поштова марка

سرحد

межа

ګاهک

митниця

سفارتخانو

посольство

ویزا

віза

پاسپورټ

паспорт

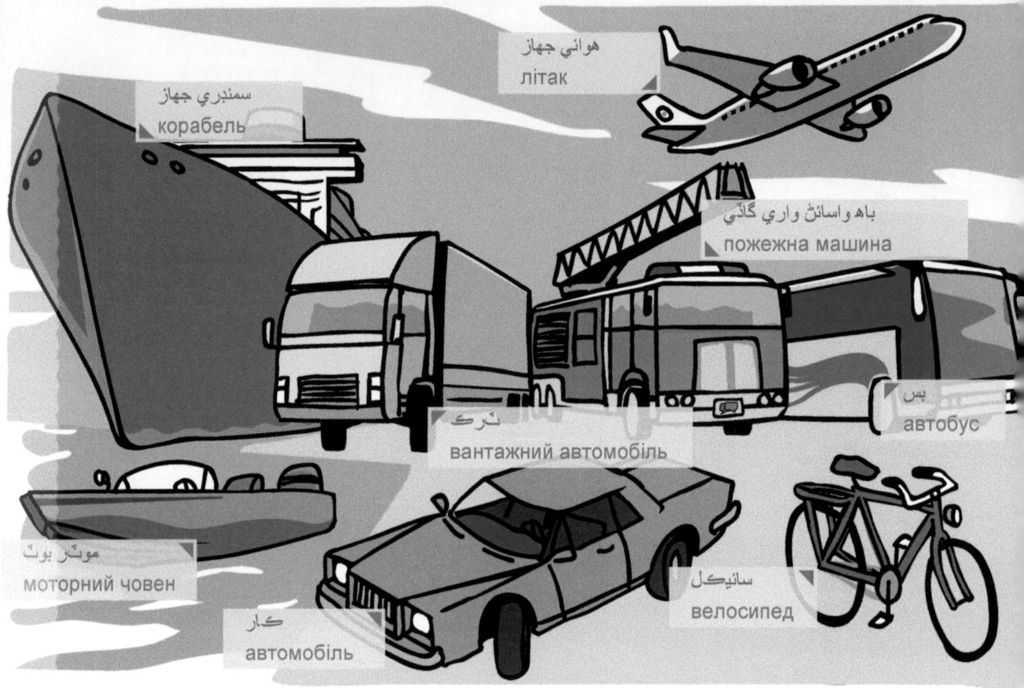

هوائي جهاز
літак

سمندري جهاز
корабель

باه واسائڻ واري گاڏي
пожежна машина

بس
автобус

ٽرک
вантажний автомобіль

موٽر بوٽ
моторний човен

ڪار
автомобіль

سائيڪل
велосипед

فيري

пором

ٻيڙي

човен

موٽر سائيڪل

мотоцикл

پوليس ڪار

поліцейська машина

ريسنگ ڪار

гоночний автомобіль

رينٽل ڪار

автомобіль на прокат

چشيرنگ كار

пільне користування авто

چكڻ وارو ٽرك

евакуатор

كچري واري ٽرك

сміттєвоз

كار

двигун

فيول

паливо

پيٽرول اسٽيشن

автозаправна станція

ٽريفڪ جا نشان

дорожній знак

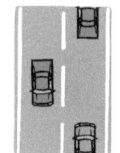

ٽريفڪ

рух

ٽريفڪ جام

затор

كار پارڪ

стоянка

ٽرين اسٽيشن

вокзал

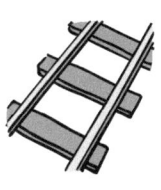

پٽڙيون

рейки

ٽرين

потяг

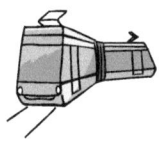

ٽرام

трамвай

ويگن

вагон

هيليكاپٽر
....
гелікоптер

ايئرپورٽ
....
аеропорт

ٽاور
....
вежа

مسافر
....
пасажир

ڪنٽينر
....
контейнер

ڊٻو
....
коробка

ريڙهي
....
візок

ٽوڪري
....
кошик

اڏرڻ / زمين تي لهڻ
....
стартувати / приземлятися

МІСТО

ڳوٺ
....
село

شهر جو مرڪز
....
центр міста

گهر
....
дім

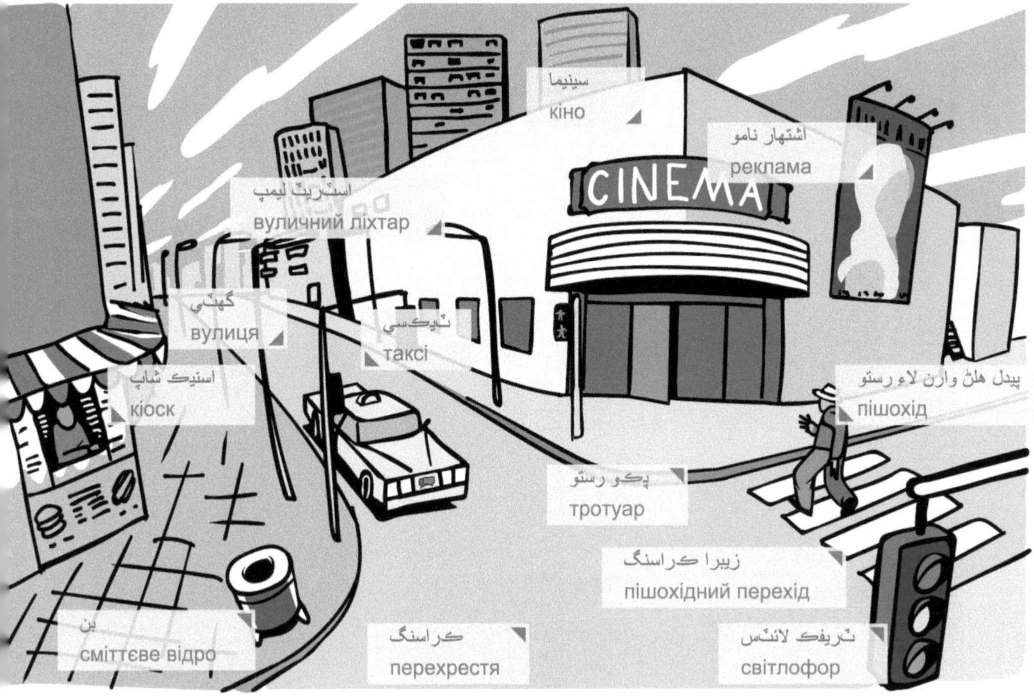

سينيما
кіно
اشتهار نامو
реклама
CINEMA
اسٽريٽ ليمپ
вуличний ліхтар
گهٽي
вулиця
ٽيڪسي
таксі
اسنيڪ شاپ
кіоск
پيدل هلڻ وارن لاءِ رستو
пішохід
پڪو رستو
тротуар
زيبرا ڪراسنگ
пішохідний перехід
بن
сміттєве відро
ڪراسنگ
перехрестя
ٽريفڪ لائٽس
світлофор

جهوپڙي

хатина

فليٽ

квартира

ٽرين اسٽيشن

вокзал

ٽائون هال

ратуша

MUSEUM

عجائب گهر

музей

اسڪول

школа

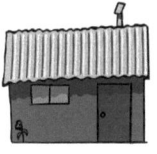

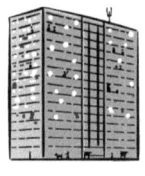

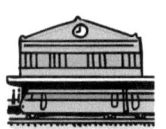

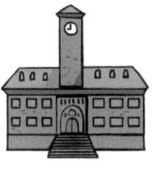

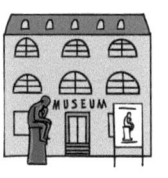

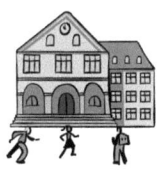

يونيورسټي

університет

بينڈک

банк

اسپتال

лікарня

هوټل

готель

فارميسي

аптека

آفس

офіс

کتابن جي کتاب

книжковий магазин

دکان

магазин

گلن جي دکان

квітковий магазин

سپر مارکيټ

супермаркет

مارکيټ

ринок

ډپارټمينټ اسټور

універмаг

مڇي جي دکان

торговець рибою

شاپنگ سينټر

торговельний центр

بندرگاه

гавань

پارک

парк

بینچ

лава

پل

міст

ڈاکن

сходи

زیر زمین میٹرو

метро

سرنگ

тунель

بس اسٹاپ

автобусна зупинка

شراب خانو

бар

روسٹورینٹ

ресторан

پوسٹ باکس

поштова скринька

اسٹریٹ سائن

вулична табличка

پارکنگ میٹر

лічильник паркування

چڑیا گھر

зоопарк

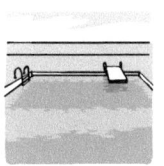

سوئمنگ پول

басейн

مسجد

мечеть

فارم

ферма

آلودگي

забруднення навколишнього середовища

قبرستان

кладовище

چرچ

церква

راند جو ميدان

дитячий майданчик

مندر

храм

ландшафт

![landscape illustration]

پتو
листок

سائن بورڈ
вказівний стовп

رستو
шлях

ساوک واري زمين
луг

پٿّر
камінь

وڻ
дерево

پيادل هلڻ وارو هائيكر
мандрівник

درياء
річка

ڇيڙ
трава

گل
квітка

وادي
....
долина

جبل
....
гора

ڊنڊ
....
озеро

ڳل
....
ліс

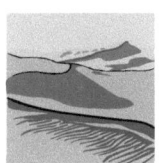

ريگستان
....
пустеля

آتش فشان
....
вулкан

قلعو
....
замок

اندڇٺ
....
веселка

ڪنيي
....
гриб

کهجي جو وڻ
....
пальма

مڇر
....
комар

مک
....
муха

ڪيولي
....
мурашка

ماکي جي مک
....
бджола

مکڙي
....
павук

تَعَنْدَرْ

жук

ڈيڈَر

жаба

نوربِنْرُو

вивірка

جاهو

їжак

خرگوش

заєць

چِهرو

сова

پکي

птах

بدک

лебідь

سوئر

кабан

هرڻ

олень

آمريکي هرڻ جو قسم

лось

ڈيم

гребля

هوا سان هلڻ وارو ٽربائين

вітряк

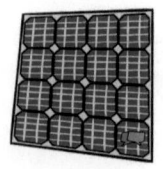

سولر پينل

сонячний модуль

أب و هوا

клімат

ويٹر
офіціант

كاڌي جي فهرست
меню

كرسي
стілець

سوپ
суп

پيزا
піца

چهري كانٹا
столові прилади

ٹيبل جو كپڙو
скатертина

استارٹر
закуска

مين كورس
друга страва

كاڌي كانپوء كانٹ وارو منو
десерт

مشروب
напої

خوراك
їжа

بوتل
пляшка

فاسٽ فوڊ

فаст-фуд

اسٽريٽ فوڊ

вулична їжа

ڪٽلي

чайник

شگر باؤل

цукорниця

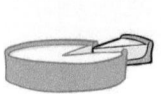

ٽڪرّو

порція

ايسپريسو مشين

еспресо-машина

اونچي ڪرسي

високий стільчик

بل

рахунок

ٽري

піднос

ڇري

ніж

ڪانٽو

вилка

چمچ

ложка

چانهن جو چمچو

чайна ложка

سروينٽي

серветка

گلاس

склянка

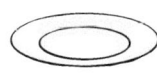

پلیٹ

тарілка

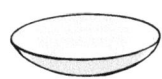

سوپ پلیٹ

тарілка для супу

سامسر

блюдце

چٹّنی

соус

لوݨ داني

солонка

مرچ پیس وارو

млин для перцю

سرکو

оцет

کاڈو پچاݨ وارو تیل

масло

مصالحو

спеції

کیچ اپ

кетчуп

سرنهن

гірчиця

مایونیز

майонез

سپر مارڪيٽ

супермаркет

خصوصي آفر
пропозиція
FOR
خريدار
клієнт
بيري
молочні продукти
فروٽ
фрукти
ٽرالي
візок для покупок

BUTCHERS

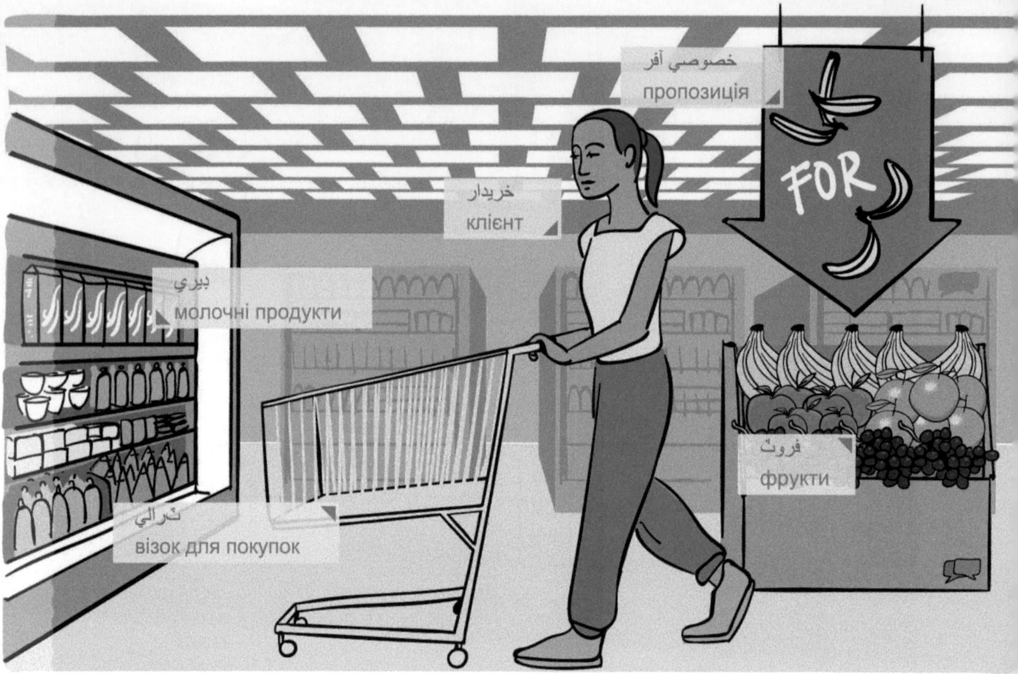

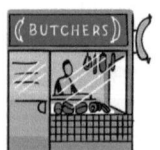

گوشت جي دڪان

м'ясний магазин

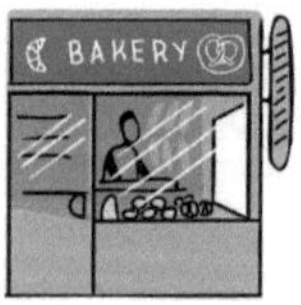

BAKERY

بيڪري

пекарня

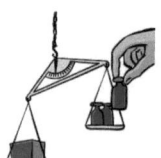

وزن ڪرڻ

зважувати

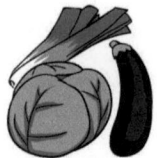

سبزيون

овочі

گوشت

м'ясо

ڄميل کاڌو

заморожені продукти

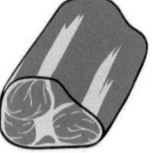

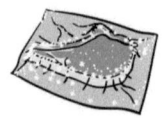

سرد گوشت

ковбасна нарізка

ڈبي م بند کاڈو

консерви

واشنگ پاؤدر

пральний порошок

مٹھائي

солодощи

گھريلو سامان

предмети домашнього побуту

صفائي کرڻ وارا پراڊکٽس

мийний засіб

سيلز پرسن

продавщиця

کيش رجسٽر

каса

خزانچي

касир

خريداري جي فهرست

список покупок

اوقاتِ کار

часи роботи

پرس

гаманець

کريڊٽ کارڊ

кредитна картка

بيگ

сумка

پلاسٽڪ بيگ

поліетиленовий пакет

پاڼي

вода

جوس

сік

كير

молоко

كوك

кола

واﺋن

вино

بينر

пиво

الكوهل

алкоголь

كوكو

какао

چاﻱ

чай

كافي

кава

اﻳسپريسو

еспресо

كپيوچينو

капучіно

їжа

كيلو

банан

صوف

яблуко

مالتّو

апельсин

خربوذو

кавун

ليمون

лимон

گجر

морква

اوم

часник

بانس

бамбук

بصر

цибуля

كنیي

гриб

اخروٹ، بادام

горішки

نودلز

локшина

اسپيگٹي
....
спагеті

چانور
....
рис

سلاد
....
салат

چپس
....
картопля фрі

تريل پٹاٹا
....
смажена картопля

پيزا
....
піца

هيم برگر
....
гамбургер

سينڈوچ
....
бутерброд

گوشت جو ٹكرو
....
шніцель

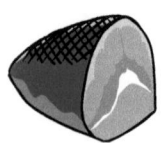

سور جي ران جو گوشت
....
шинка

خشک گوشت
....
салямі

ساسيج
....
ковбаса

مرغي
....
курка

روسٹ
....
печеня

مڇي
....
риба

جوَ جو دليا

و"وسياني пластівці"

вівсяні пластівці

ميوزلي

мюслі

كارن فليكس

кукурудзяні пластівці

انّو

борошно

كرونستّ

круасан

بريڈ رول

булочка

بريڈ

хліб

ٹّوسٹ

тостовий хліб

بسكٹ

печиво

مكّٹا

масло

دهي

сир

كيك

пиріг

انڈا

яйце

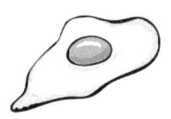

فراني ٹيل انڈو

яєчня

پنير

сир

آئس کریم

морозиво

کنڈ

цукор

ماکي

мед

مربو

мармелад

چاکلیٹ اسپریڈ

нуга-крем

ہاجي

карі

فارم

ферма

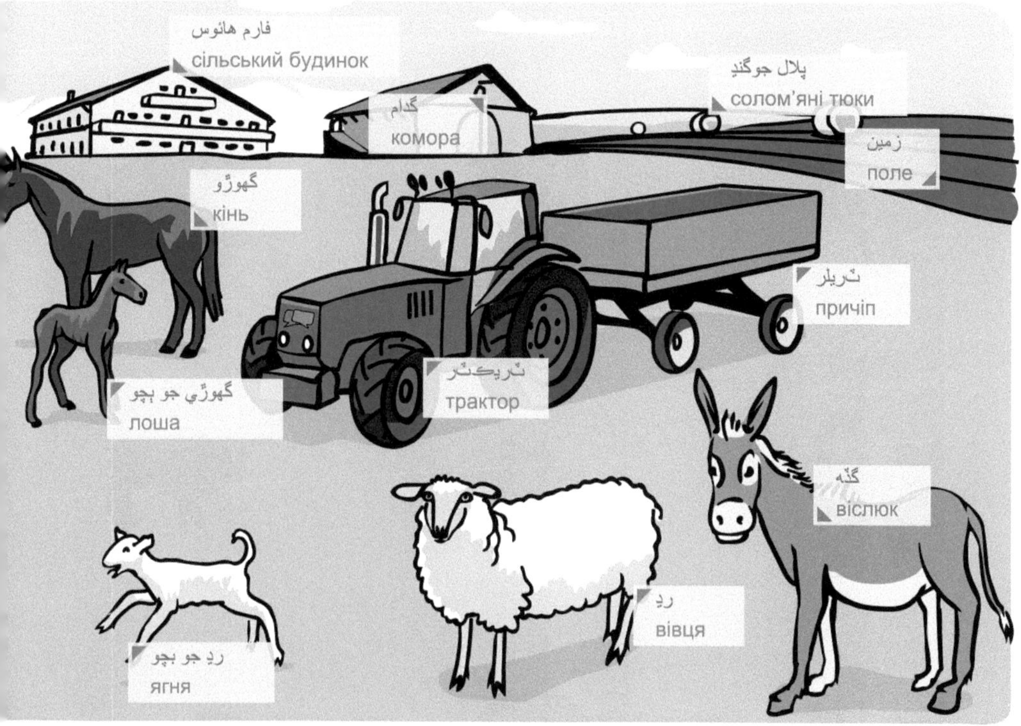

فارم هائوس
сільський будинок
گدام
комора
پلال جو گنڍ
солом’яні тюки
زمين
поле
گهوڙو
кінь
ٽريلر
причіп
گهوڙي جو ٻچو
лоша
ٽريڪٽر
трактор
گڏھ
віслюк
رڍ
вівця
رڍ جو ٻچو
ягня

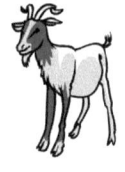

ٻڪري

коза

ڳئون

корова

پاڏو

теля

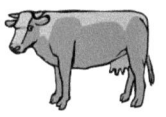

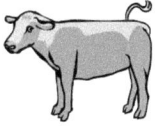

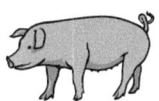

سؤر

свиня

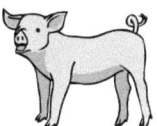

سؤر جو ٻچو

порося

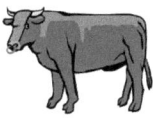

ڍڳو

бик

هنس

گوسак

بدک

качка

چوزا

курча

مرغي

курка

مرغو

півень

کونو

щур

بلي

кіт

کونو

миша

ڈانڊ

віл

ڪتو

собака

ڪتي جو گھر

собача будка

گاربن هوز

садовий шланг

پاڻي جو ڪين

лійка

ڏانٽو

коса

هر

плуг

ڏاٽو

серп

رنبو

мотика

ڏانداري

вила

ڪھاڙو

сокира

هٿ سان هلائڻ واري ريڙهي

тачка

حوض

корито

کير جو ڊبو

бідон молока

ڳوڻ

мішок

لوڙهو

паркан

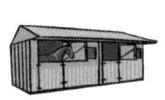

اصطبل

хлів

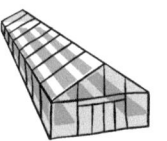

گرين هائوس

теплиця

مٽي

ґрунт

ٻج

насіння

کاد

добриво

ڪمبائنڊ هارويسٽر

комбайн

فصل ڪٽڻ

پوжинати

فصل ڪٽڻ

урожай

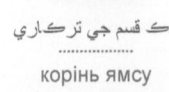

هڪ قسم جي ترڪاري

корінь ямсу

ڪڻڪ

пшениця

سويا

соя

پٽاٽو

картопля

مڪاني

кукурудза

توري جو ٻج

ріпак

ميون جو وڻ

плодове дерево

ڪساوا

маніок

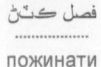

اناج

злаки

چمني
димохід

چهت
дах

نکاسي جو پائپ
водостічний лоток

دري
вікно

گيراج
гараж

دروازي جي گهنٽي
дзвінок

دروازو
двері

کچري جي ٽوڪري
відро для сміття

ليٽر باڪس
поштова скринька

باغ
сад

لوونگ روم
вітальня

غسل خانو
ванна кімната

باورچي خانو
кухня

بيڊروم
спальня

ٻارن جو ڪمرو
дитяча кімната

ڊائننگ روم
їдальня

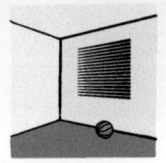

فرش

پِدلوга

دیوار

стіна

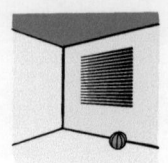

چھت

стеля

تہخانو

підвал

ہاف وارو غسل

сауна

بالکونی

балкон

نۓرس

тераса

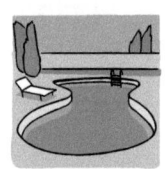

تلاؤ

басейн

گاہ کٹڻ واري مشین

косарка

چادر

простирало

چادر

ковдра

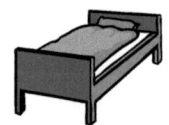

بيڊ

ліжко

جھاڙو

мітла

بالٽي

відро

سونچ

перемикач

وال پیپر
شپалери

لیمپ
لامپ лампа

تصویر
малюнок

شیلف
поличка

الماري
шафа

ٹیلیویزن
телевізор

باهواري چمني
камін

گل
квітка

کشن
подушка

صوفو
диван

گلدان
ваза

ریموٹ کنٹرول
пульт

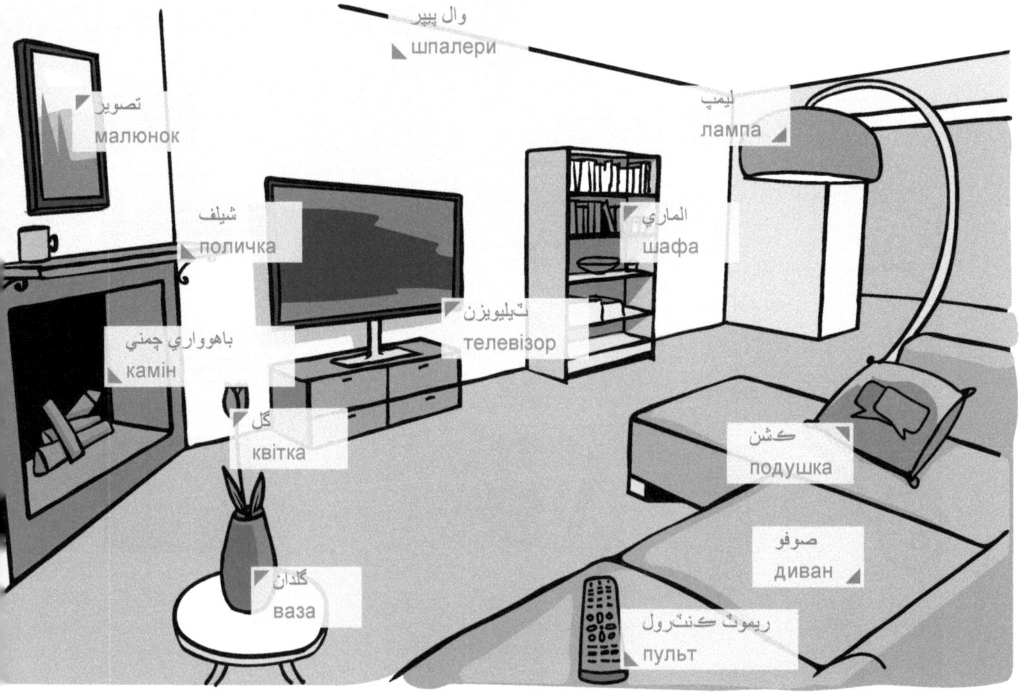

قالین
килим

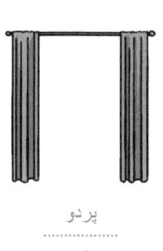

پردو
завіса

میز
стіл

کرسي
стілець

لڈٹھ واري کرسي
крісло-гойдалка

آرام کرسي
крісло

كتاب

книга

كمبل

ковдра

آرائش

прикраса

بارڻ واريون ڪاٺيون

дрова

فلم

фільм

هاڻي فاني

стереосистема

چاٻي

ключ

اخبار

газета

پينٽنگ

картина

پوسٽر

плакат

ريڊيو

радіо

نوٽ بڪ

блокнот

ويڪيوم ڪلينر

пилосос

ٽوهر جو ٻوٽو

кактус

ميڻ بتي

свічка

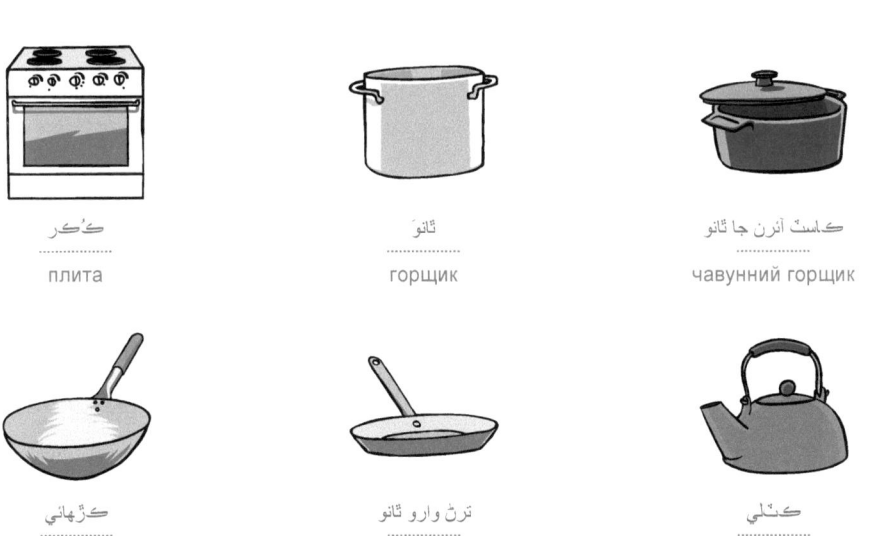

باورچي خانو
кухня

فرج
холодильник
مائڪرو ويو اوون
мікрохвильова піч
ڪچن اسڪيل
кухонні ваги
ٽوسٽر
тостер
ڊيٽرجنٽ
мийний засіб
چلهو
піч
فريزر
морозильне відділення
ڪچري جي ٽوڪري
відро для сміття
ڊش واشر
посудомийна машина

ڪُڪر
плита

ٿانوَ
горщик

ڪاسٽ آئرن جا ٿانو
чавунний горщик

ڪڙهائي
вок / кадай

ترڻ وارو ٿانو
сковорода

ڪيٽلي
чайник

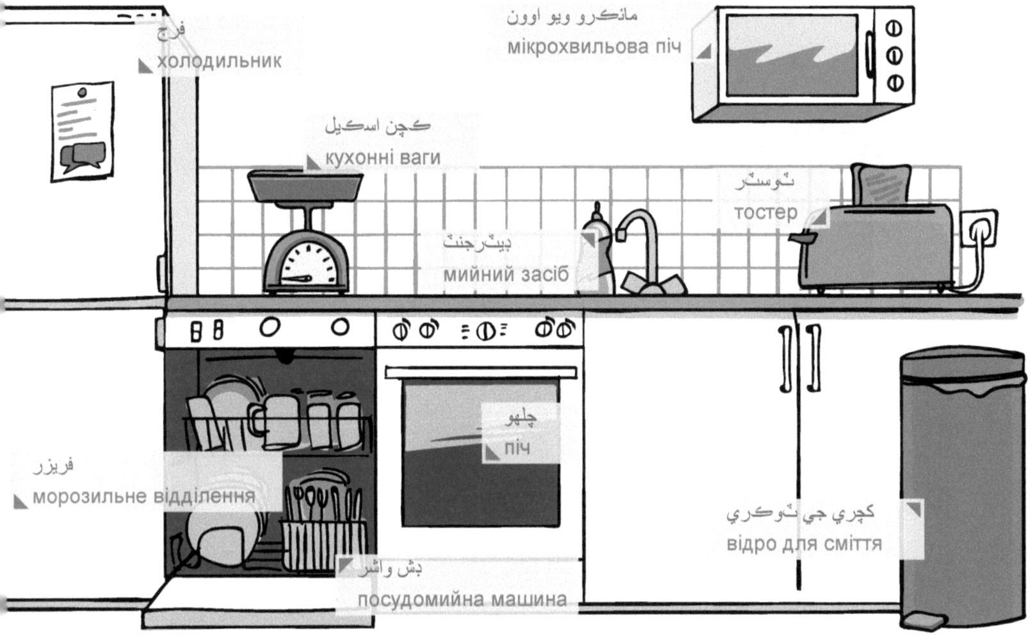

اسٹیمر

пароварка

بیکنگ ٹرې

лист

کراکري

посуд

مگ

кухоль

پیالو

чаша

چاپ اسٹکس

палички для їжі

ډوئي

черпак

نٹفٹ

лопатка

سبزي مکسر

вінчик для збивання

چھاڼي

сито

چھاڼي

сито

کدو کش وارو اوزار

терка

اګري

ступка

بار بي کیو

барбекю

کلیل باه

багаття

سبزي ڪٽڻ وارو بورڊ

دошка

ويلڻ

качалка

ڪارڪ اسڪريو

штопор

ڪين

конзерва

ڪين اوپنر

відкривачка

ٿانوَ پڪڙڻ وارو ڪپڙو

прихватки

سنڪ

раковина

برش

щітка

اسفنج

губка

بلينڊر

міксер

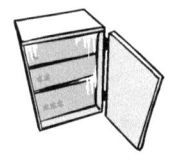

ڊيپ فريزر

морозильна камера

بار جي بوتل

дитяча пляшка

نل

кран

غسل خانو

ванна кімната

هيټنگ
опалення
ټوال
рушник
شاور
душ
شاور کرټين
душова завіса
ببل باټ
піниста ванна
باټ ټب
ванна
گلاس
склянка
واشنگ مشين
пральна машина
ټائلز
плитка
نل
кран
پاټي
горшок
سنک
раковина

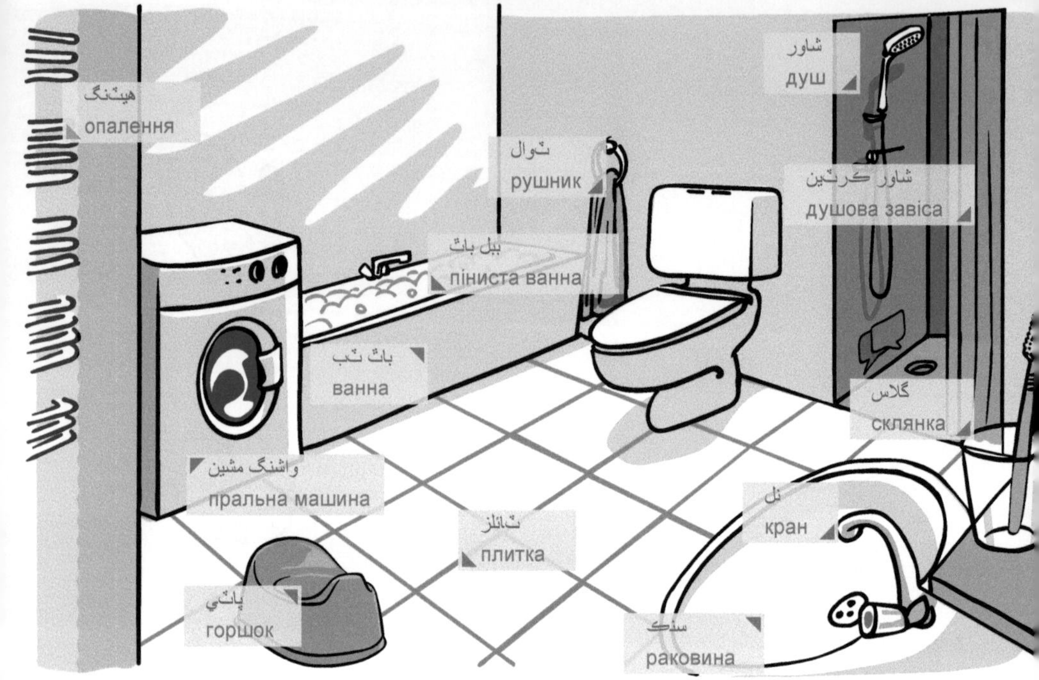

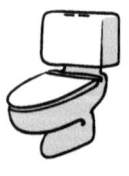

ټائلټ

туалет

اوکږو ويهڅ وارو ټوائلټ

підлоговий туалет

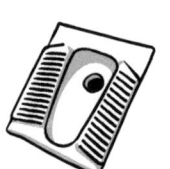

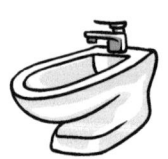

شرم گاه ډوئڅ وارو ټب

біде

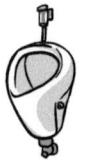

پيشاب گاه

пісуар

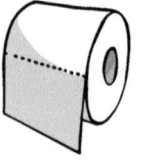

ټائلټ پيپر

туалетний папір

ټائلټ برش

щітка для туалету

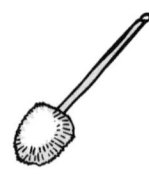

تُوثّه برش

زубна щітка

تُوثّه پيست

зубна паста

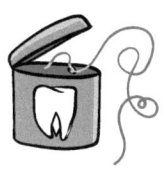

دينتّل فلاس

нитка для чищення зубів

دُونڈ

мити

هيند شاور

ручний душ

شاور

інтимний душ

بيك برش

таз

بيك برش

щітка для спини

صابن

мило

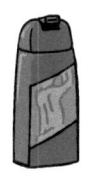

شاور جيل

гель для душу

شيمپو

шампунь

فلالين

мочалка

درين

водостік

كريم

крем

ديودورنٹ

дезодорант

آئينو

дзеркало

هتَّ م پكرِّڙ وارو آئينو

косметичне дзеркало

ريزر

бритва

شيونگ فوم

піна для гоління

أفتَّر شيو

лосьйон після гоління

ڪنگي

гребінь

برش

щітка

هيئر ڊرائير

фен

هيئر اسپري

лак для волосся

ميڪ اپ

косметика

سرخي

губна помада

نيل وارنش

лак для нігтів

ڪپهه

вата

نيل سيزر

ножиці для нігтів

پرفيوم

парфум

واش بيگ

косметичка

اسٹول

табурет

وزن کرٹ واري مشين

ваги

باٹ روب

халат

ربڑ جا دستانا

гумові рукавички

ٹیمپون

тампон

صفائي وارو ٹاول

гігієнічні прокладки

کیمیائي ٹوائلٹ

біотуалет

ٻارن جو ڪمرو

дитяча кімната

الارم ڪلاڪ
будильник
ڪڊلي ٽوائي
м'яка іграшка
رانديڪي واري ڪار
іграшковий автомобіль
جهنجهڻو
брязкальце
گڏي جو گهر
ляльковий будиночок
گفٽ
подарунок

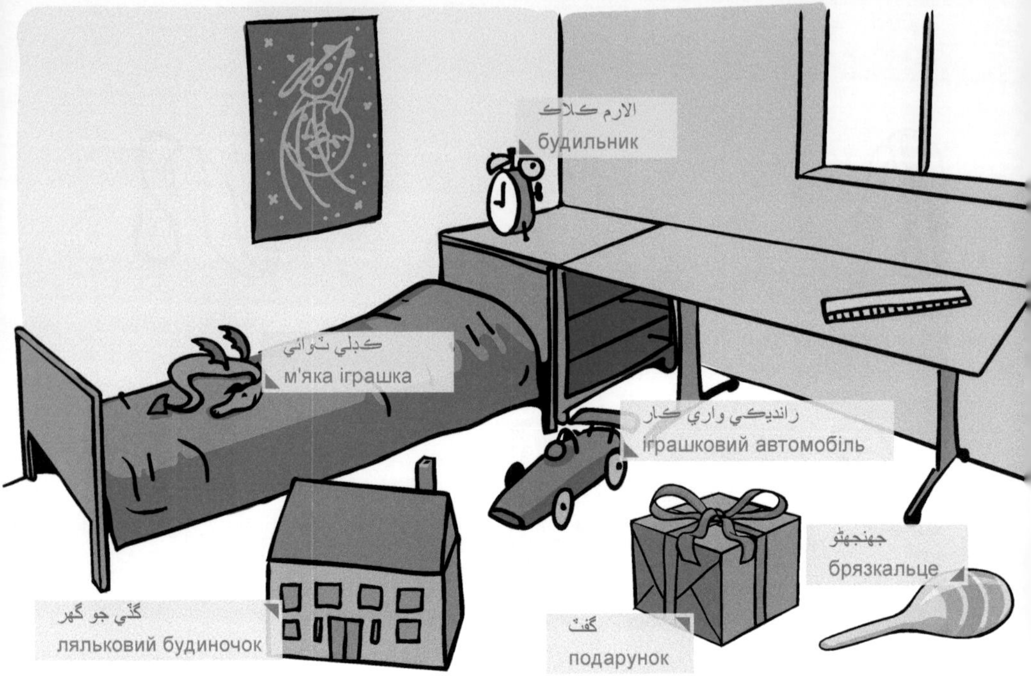

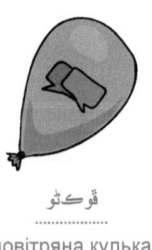

ڦوڪڻو

....

повітряна кулька

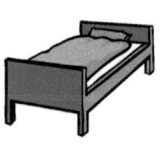

بيڊ

....

ліжко

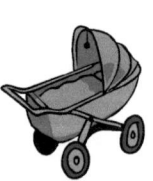

ٻار جي ڳاڏي

....

дитячий візок

ڊيڪ آف ڪارڊز

....

картярська гра

جگسا

....

пазл

SUPER
MEGA

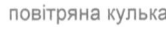

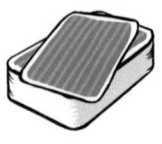

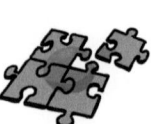

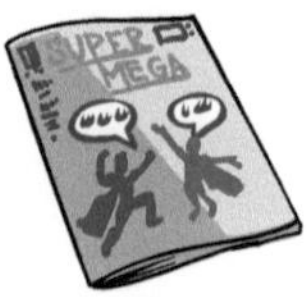

ڪامڪ

....

комікс

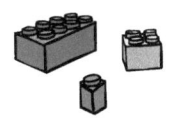

ليگوبرگس

лего цеглинки

رانديکن وارا بلاکس

блоки

ايکشن فگر

іграшкова фігурка

بيبي گرو

повзунки

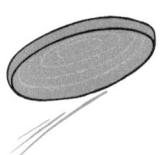

فرسبي

фризбі

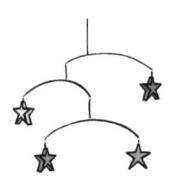

رانديکي واري موبائل

мобіле

بورڊ گيم

настільна гра

ڇهڪو

кубик

مادل ٽرين سيٽ

модель залізнична станція

بارن جي چوسڻ واري نپل

соска

پارٽي

вечірка

تصوير واري ڪتاب

книжка з картинками

بال

м'яч

گڏي

лялька

کيڏڻ

грати

سيند پٹ

pісочниця

جهولا

гойдалка

راندیکا

іграшка

وڈيو گيم کنسول

гральна консоль

تِّن ڦيِّن واري سائيکل

триколісний велосипед

ٹيڈي بيئر

плюшевий мішка

کپڑن جي الماري

шафа

جرابا

шкарпетки

اسٹاکنگز

панчохи

ٹائٹس

колготки

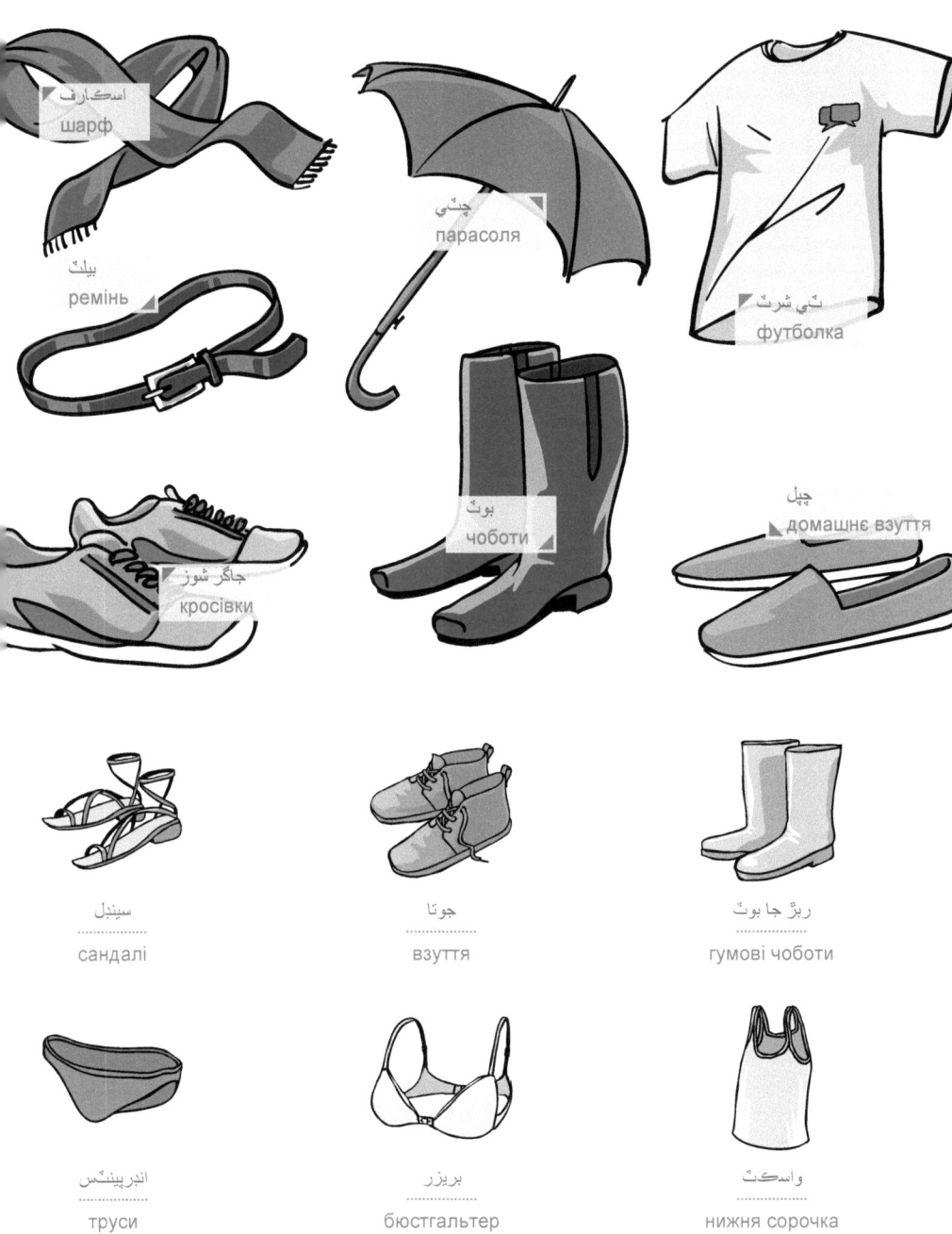

اسكارف
شارف

چتري
парасоля

تي شرت
футболка

بيلت
ремінь

جاگر شوز
кросівки

بوت
чоботи

چپل
домашнє взуття

سيندل
....
сандалі

جوتا
....
взуття

ربڑ جا بوٹ
....
гумові чоботи

انڈرپينٹس
....
труси

بريزر
....
бюстгальтер

واسکٹ
....
нижня сорочка

جسم

боді

پتلون

штани

جينز پينٹ

джинси

اسکرٹ

спідниця

چولو

блузка

قميض

сорочка

جرسي

пуловер

هودي

светр

بليزر

піджак

جيکٹ

куртка

کوٹ

пальто

بارش م پائٹ وارو کوٹ

дощовик

پوشاک

костюм

لباس

сукня

شادي جولباس

весільна сукня

سوٽ

костюм

نائٽ گاؤن

нічна сорочка

پاجامو

піжама

ساڙي

carі

مٿي تي ٻڌڻ وارو اسڪارف

головна хустка

پڳڙي

чалма

برقعو

бурка

ڪفتان

кафтан

عبايو

абая

تيراڪي جو لباس

купальник

چڍي

плавки

نيڪر

шорти

ٽريڪ سوٽ

тренувальний костюм

اپرن

фартух

دستانا

рукавички

بٹن

گدزيک

چشمو

окуляри

بريسليٹ

браслет

هار

ланцюг

مندی

кільце

واليون

сережка

ٹوپي

шапка

کوٹ هينگر

плічка

ٹوپي

капелюх

ٹائي

краватка

زپ

застібка-блискавка

هيلمٹ

шолом

بريسز

підтяжки

اسکول يونيفارم

шкільна форма

وردي

уніформа

لباس - одяг

هارن لاء ڳليٰ ۾ ٻڌڻ وارو ڪپڙو

نагрудник

بارن جي چوسڻ واري نپل

соска

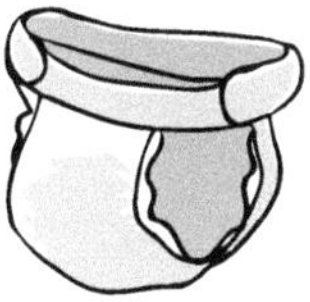

ڪچو

підгузок

سرور
сервер

فائلن جي الماري
шаф для документів

پرنٽر
принтер

مانيٽر
монітор

ڪاغذ
папір

ماؤس
миша

ميز
письмовий стіл

فولڊر
папка

ڪي بورڊ
синтезатор

ردي جي ٽوڪري
кошик для паперу

ڪمپيوٽر
комп'ютер

ڪافي مگ
стілець

ڪافي مگ
кавовий кухоль

ڪيلڪيوليٽر
калькулятор

انٽرنيٽ
інтернет

لیپ ٹاپ

ноутбук

خط

лист

پیغام

повідомлення

موبائل

мобільний телефон

نیٹ ورک

мережа

فوٹو کاپی کرنے واری مشین

копіювальний пристрій

سافٹ ویئر

програмне забезпечення

ٹیلی فون

телефон

پلگ ساکٹ

розетка

فیکس مشین

факс

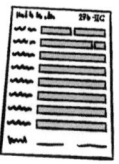

فارم

бланк

دستاویز

документ

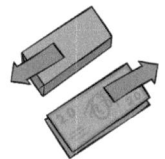

خرید کرنا

купувати

ادا کرنا

платити

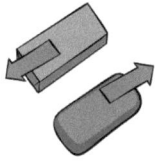

صاف کرنا

торгувати

پیسا

гроші

ڈالر

долар

یورو

євро

یین

ієна

روبل

рубль

سوئس فرانک

франк

رینمنیبی یوآن

юанів женьміньбі

روپیو

рупія

کیش پوائنٹ

банкомат

رقم تبدیل کرائڻ جي آفيس

обмінний пункт

سون

золото

چاندي

срібло

خام تيل

нафта

توانائي

енергія

قيمت

ціна

معاهدو

контракт

ٽيڪس

податок

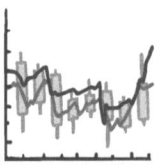

ذخيرو

акція

ڪم ڪرڻ

працювати

ملازم

працівник

آجر

роботодавець

فيڪٽري

фабрика

دڪان

магазин

پيشو
професії

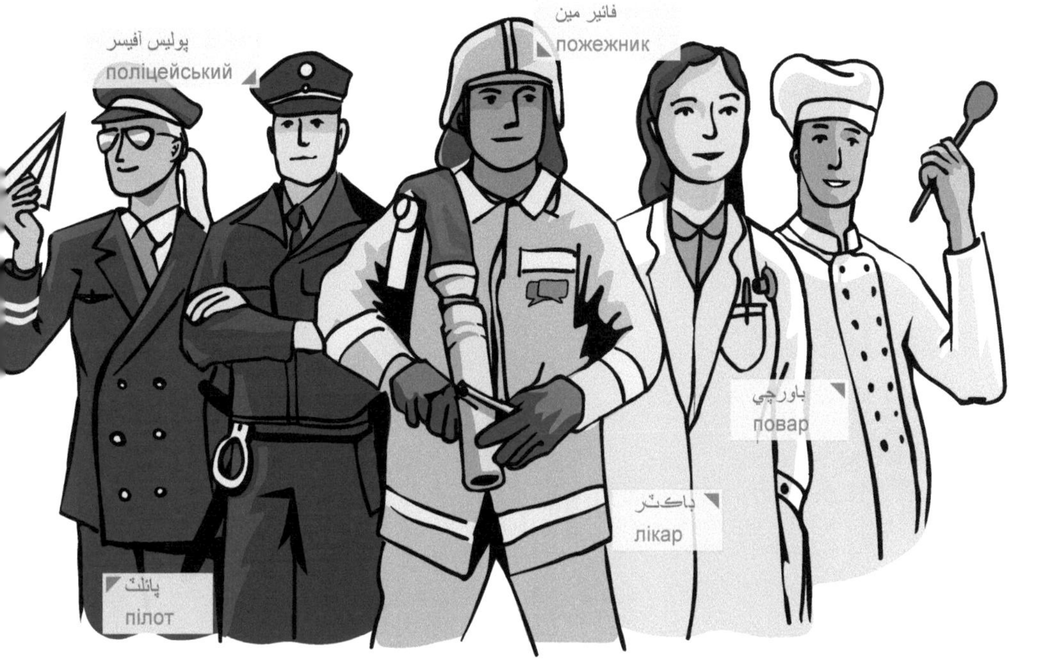

پوليس آفيسر
поліцейський
فائير مين
пожежник
باورچي
повар
ڈاکٹر
лікар
پائلٹ
пілот

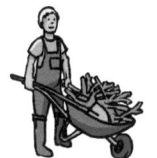

مالي
садівник

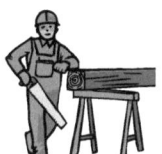

وادو
столяр

درزن
швачка

جج
суддя

ڪيميسٽ
хімік

اداڪار
актор

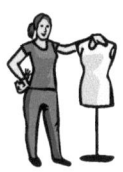

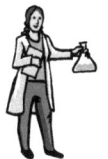

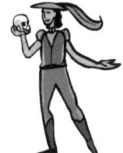

بس ڊرائيور

водій автобуса

ٽيڪسي ڊرائيور

таксист

مڇي مارڻ وارو

рибалка

صفائي ڪرڻ واري ماني

прибиральниця

ڇت ٺاهڻ وارو

покрівельник

ويٽر

офіціант

شڪاري

мисливець

رنگ ساز

художник

نانوائي

пекар

اليڪٽريشن

електрик

بلدر

будівельник

انجنيئر

інженер

ڪاسائي

забійник

پلمبر

бляхар

پوسٽ مين

листоноша

پيشو - професії

سپاهي

солдат

أركينيكت

архітектор

خزانچي

касир

گل کپائن وارو

флорист

ناني

перукар

كنډيكتر

кондуктор

مكينك

механік

كپتان

капітан

ډينټسٹ

дантист

سائنسدان

вчений

يهودي عالم

рабин

امام

імам

راهب

монах

پادري

пастор

اوزار
інструменти

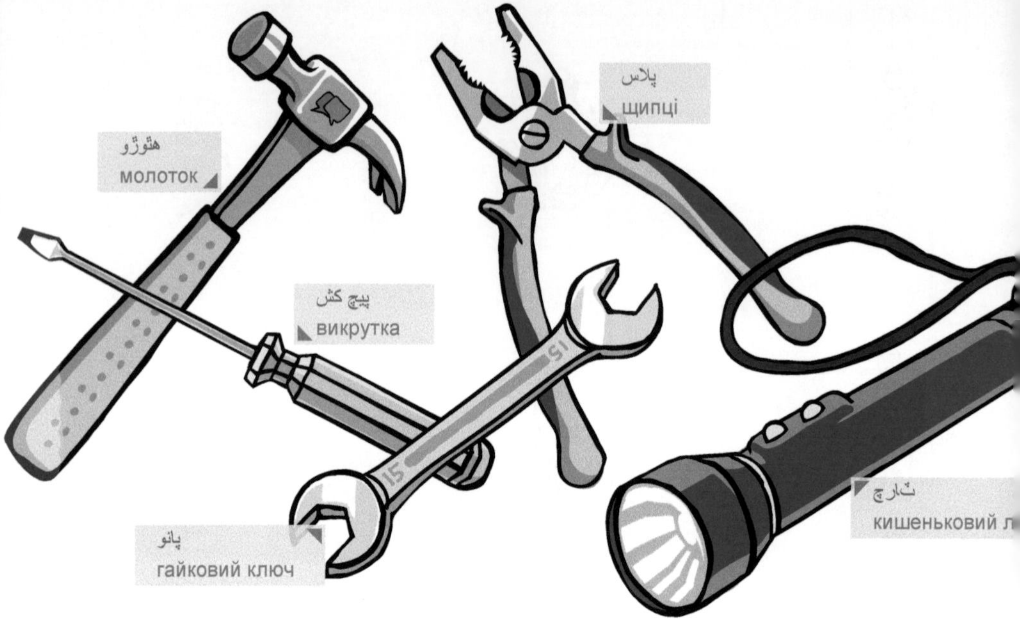

هټوړو
молоток
پلاس
щипці
پيچ کش
викрутка
پانو
гайковий ключ
ټارچ
кишеньковий л

ايکسکويټر
....
екскаватор

ټول باکس
....
ящик для інструментів

ډاکڼ
....
драбина

آري
....
пилка

کوکو
....
цвяхи

برل
....
свердло

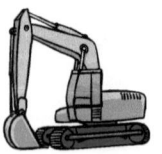

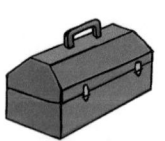

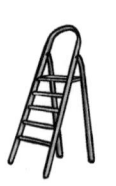

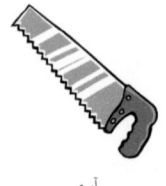

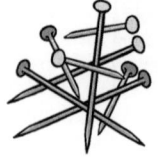

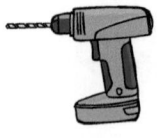

مرمت کرڻ

ремонтувати

بيلچو

лопата

لعنت هجي!

лайно!

ڪچري دان

совок

پينٽ وارو دٻو

відро з фарбою

پيچ

гвинти

موسيقي جا اوزار

музичні інструменти

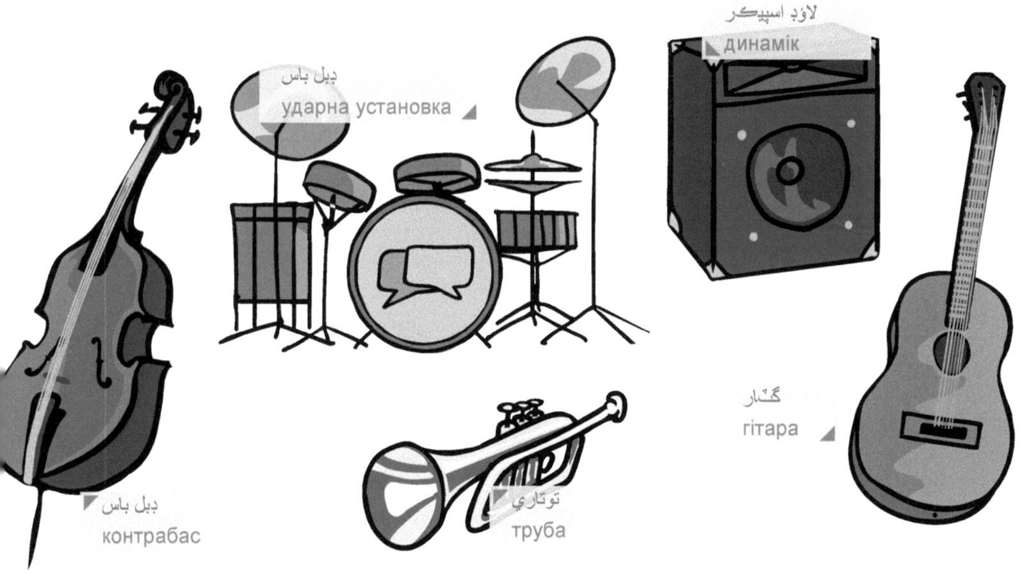

دٻل باس
ударна установка ▲

لاؤڊ اسپيڪر
динамік

گٽار
гітара ▲

دٻل باس
контрабас

توتاري
труба

پیانو

فورتیپیانو

وائلن

скрипка

گٹار

бас

ٹمپانی

литаври

ڈرم

барабан

کی بورڈ

клавіатура

سیکسوفون

саксофон

بانسری

флейта

مائیکروفون

мікрофон

چڙيا گهر

зоопарк

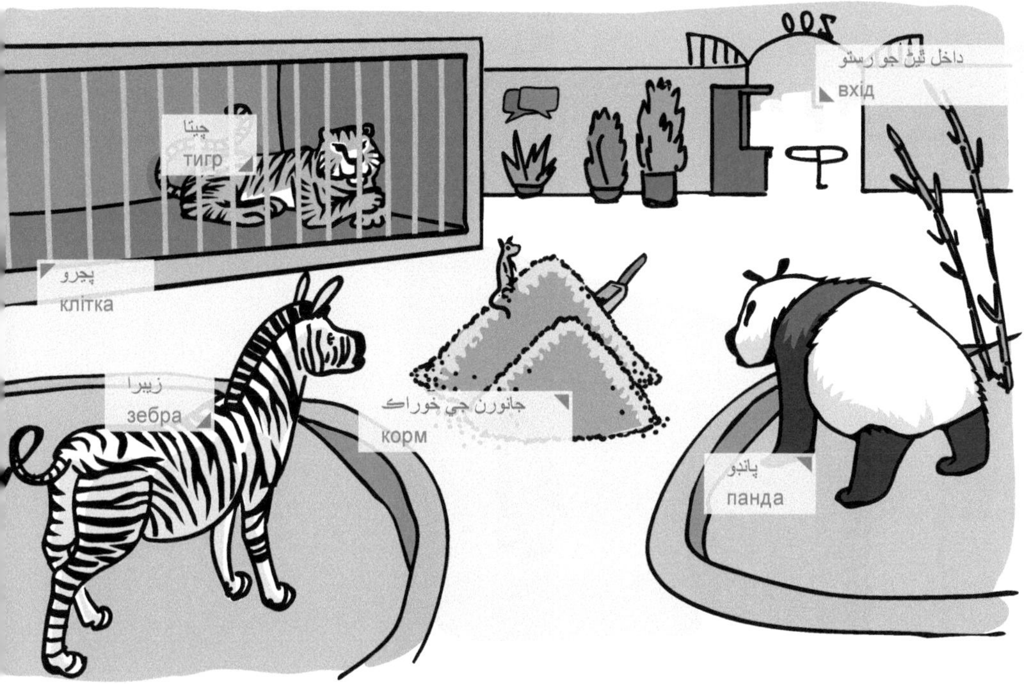

داخل ٿيڻ جو رستو
вхід
چيتا
тигр
پڃرو
клітка
زيبرا
зебра
جانورن جي خوراڪ
корм
پانڊو
панда

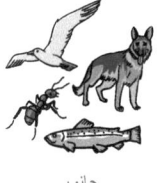

جانور

тварини

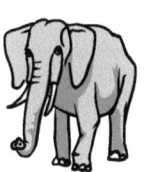

هاٿي

слон

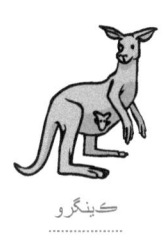

ڪينگرو

кенгуру

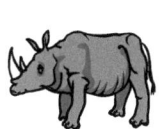

گينڊو

носоріг

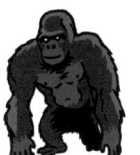

گوريلو

горила

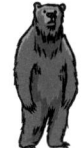

رڇ

ведмідь

اٺ

верблюд

شتر مرغ

страус

شينهن

лев

پولڙو

мавпа

فليمنگو

фламінго

طوطو

папуга

برفاني رڇ

білий ведмідь

کبوتر

пінгвін

شارڪ

акула

مور

павич

نانگ

змія

واڱون

крокодил

چڙيا گھر جو محافظ

працівник зоопарку

گڏ مڇي

тюлень

چيتو

ягуар

ٹٹـون

поні

چيتو

леопард

درياني گهوڑو

гіпопотам

چزراف

жираф

باز

орел

سونڑ

кабан

مڇي

риба

كمي

черепаха

سامونډي گهوڑو

морж

لومڑي

лисиця

هرڼ

газель

спорт

آمریکن فوتبال
американський футбол

سائكلنگ
їзда на велосипеді

ٹینس
теніс

باسکٹ بال
баскетбол

تیراکي
плавання

باکسنگ
бокс

آئس هاكي
хокей

فوٹبال
....
футбол

بیندمنٹن
....
бадмінтон

ایتھلیٹکس
....
легка атлетика

هینڈ بال
....
гандбол

اسکیئنگ
....
лижні перегони

پولو
....
поло

ٽپوڈيڻ
стрибати

ياكر پائڻ
обіймати

گانو گائڻ
співати

كلڻ
сміятися

هلڻ
йти

دعا كرڻ
молитися

چمي ڏيڻ
цілувати

خواب ڏسڻ
мріяти

لكڻ …… писати	تصوير كشي كرڻ …… малювати	ڏيکارڻ …… показувати
ڌكو ڏيڻ …… тиснути	ڏيڻ …… давати	ولڻ …… брати

رکڻ

مати

کرڻ

робити

ٿيڻ

бути

بيھڻ

стояти

ڀڄڻ

бігати

ڇڪڻ

тягнути

اڇلائڻ

кидати

ڪرڻ

падати

ڪروٽ ڀالھائڻ

лежати

انتظار کرڻ

очікувати

کڻي وڃڻ

носити

ويھڻ

сидіти

تيار ٿيڻ

одягати

سمھڻ

спати

جاڳڻ

просипатися

ڏِسڻ

دِيвитися

روئڻ

плакати

ڪَ هٿ

гладити

ڪنگي ڪرڻ

розчісувати

ڳالهائڻ

розмовляти

سمجھڻ

розуміти

پڇڻ

питати

ٻڌڻ

слухати

پيئڻ

пити

کائڻ

їсти

صاف ڪرڻ

прибирати

پيار ڪرڻ

любити

پچائڻ

варити

گاڏي هلائڻ

їхати

اڏڻ

літати

بحري سفر كرڼ

йти під вітрилом

حساب كرڼ

рахувати

پړهڼ

читати

سكڼ

вчитися

كم كرڼ

працювати

شادي كرڼ

одружуватися

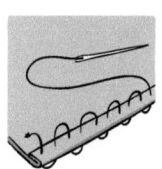

سيڼ

шити

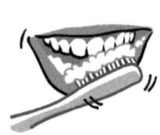

ډاندن كي برش كرڼ

чистити зуби

قتل كرڼ

убивати

سګريټ څكڼ

курити

موكلڼ

посилати

ڈاڈی یا نانی
бабуся

ڈاڈو یا نانو
дідуся

پی
батько

ماءُ
мати

بار
немовля

دّي
донька

پُت
син

مهمان
гість

چاچی
тітка

چاچو
дядько

ياءُ
брат

پيٹ
сестра

جسم

тіло

پيشاني
чоло
اک
око
ڪلهو
плече
آڱر
палець
منهن
обличчя
کاڏي
підборіддя
هٿ
кисть
ڇاتي
груди
ٽنگ
нога
ٻانهن
рука

ٻار
....
немовля

ماڻهون
....
чоловік

عورت
....
жінка

ڇوڪري
....
дівчина

ڇوڪرو
....
хлопчик

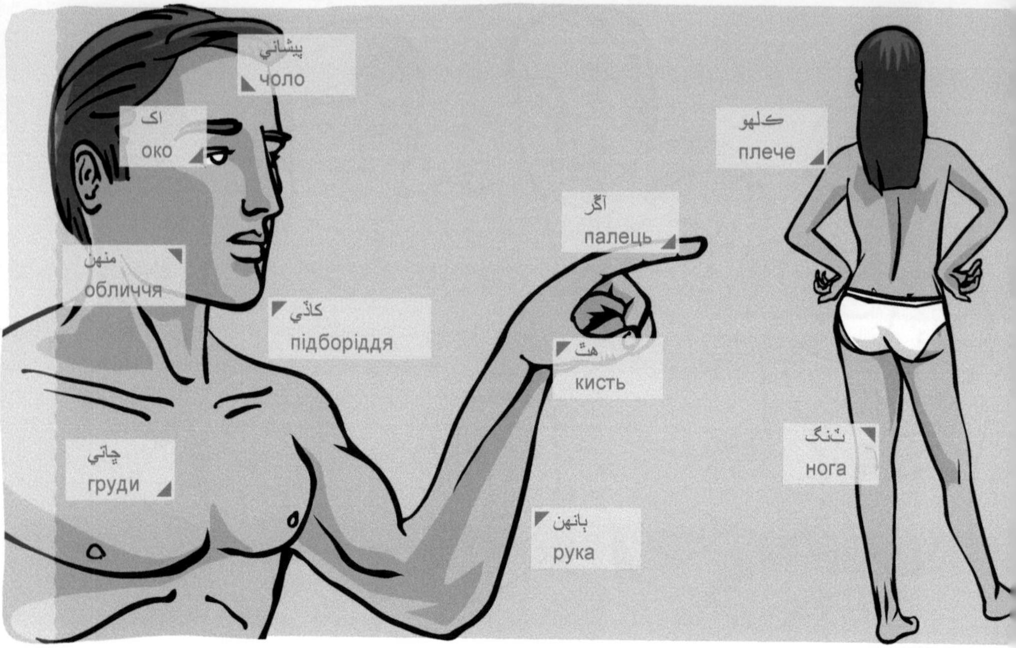

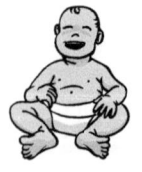

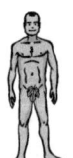

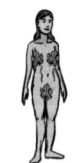

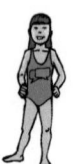

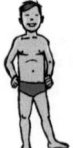

مٿو
....
голова

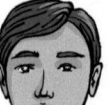

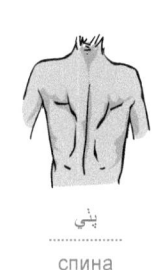

پټۍ

спина

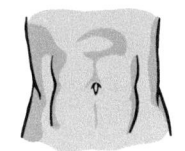

پیټ

живіт

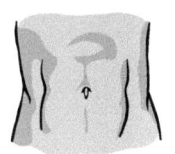

دن

пуп

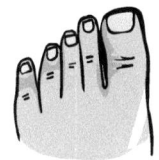

پیر جو اگونو

палець ноги

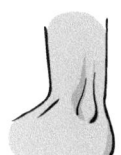

کړۍ

п'ята

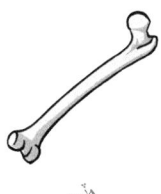

هډۍ

кістка

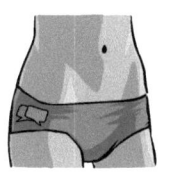

پنډۍ

стегно

گوډو

коліно

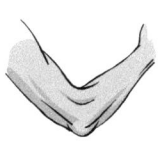

څونټ

лікоть

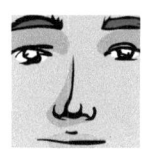

نک

ніс

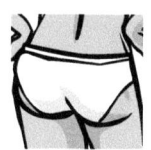

هیلهپون حصو

сідниці

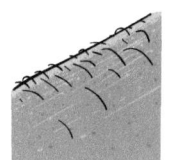

کل

шкіра

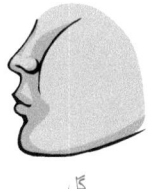

څڼ

щока

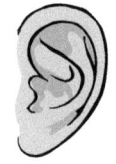

کن

вухо

چپ

губа

وات
....
рот

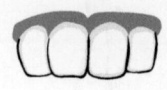

ڈنت
....
зуб

زبان
....
язик

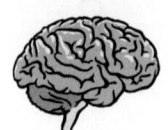

دماغ
....
мозок

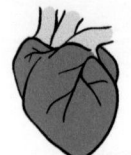

دل
....
серце

ڈورو
....
м'яз

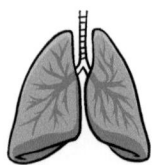

پھڑے
....
легені

جگر
....
печінка

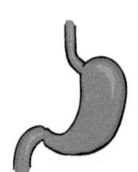

معدو
....
шлунок

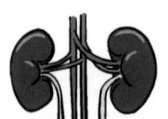

گردا
....
нирки

جماع کرڭ
....
статевий акт

کنڈوم
....
презерватив

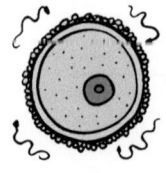

بیضہ
....
яйцеклітина

مَنی
....
сперма

حمل
....
вагітність

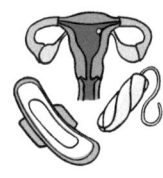

حيض

менструація

پجيداني جي نالي

вагіна

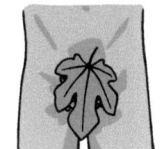

مردانو مخصوص عضوو

пеніс

پرون

брова

وار

волосся

 گچي

шия

اسپتال

лікарня

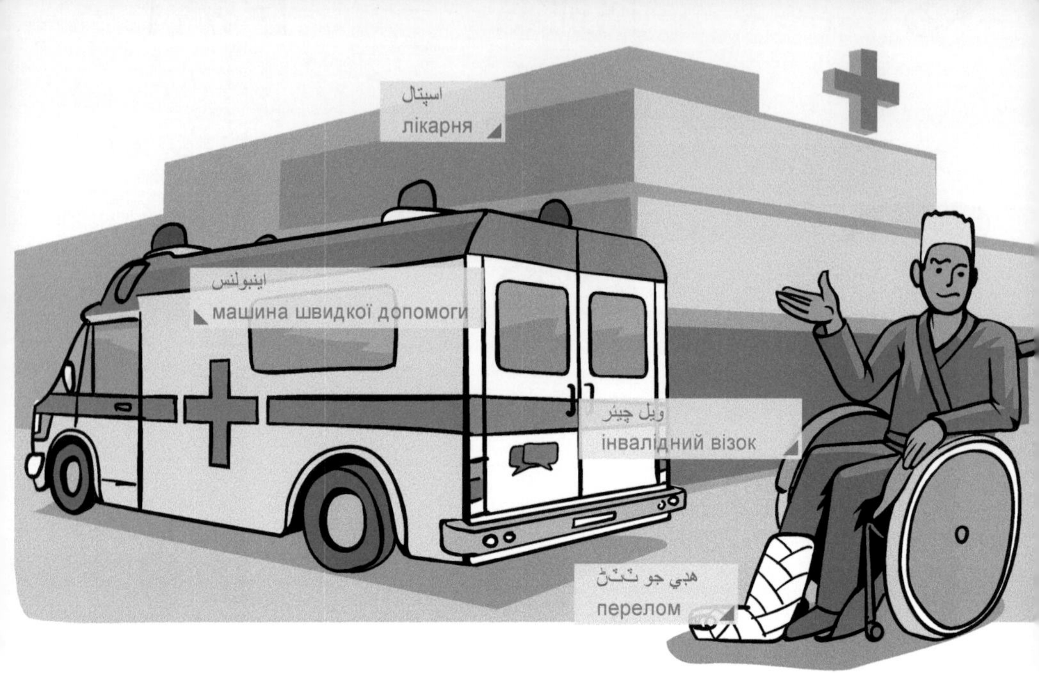

اسپتال
лікарня
اينبولنس
машина швидкої допомоги
ويل چيئر
інвалідний візок
هڏي جو ٽٽڻ
перелом

ڊاڪٽر

лікар

هنگامي ڪمرو

відділення швидкої медичної допомоги

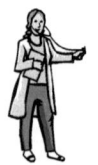

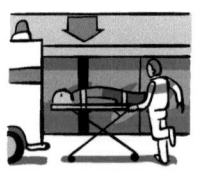

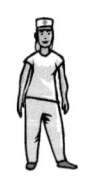

نرس

медсестра

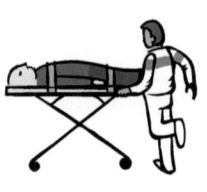

ايڪسري

аварійний випадок

بيهوش

непритомний

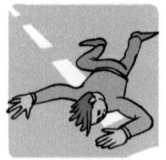

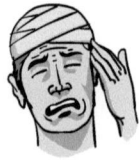

سور

біль

زخم

травма

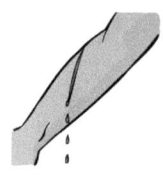

رت وهڻ

кровотеча

دل جو دورو

інфаркт

فالج

інсульт

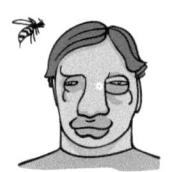

الرجي

алергія

کنگهه

кашель

بخار

лихоманка

زڪام

грип

دست

пронос

مٿي جو سور

головна біль

ڪينسر

рак

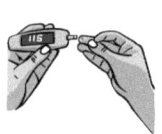

ذیابیطس

діабет

سرجن

хірург

جراحي بليڊ

скальпель

آپريشن

операція

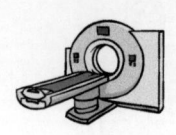

سي ٽي

КТ

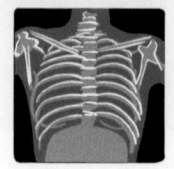

ايڪسري

рентген

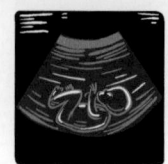

الٽراساؤنڊ

ультразвук

منهن جي ماسڪ

маска

بيماري

хвороба

انتظار ڪرڻ جو ڪمرو

зал очікування

بيساکهي

милиця

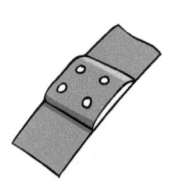

پالاسٽر

пластир

پٽي

пов'язка

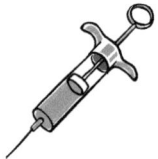

انجيڪشن

ін'єкція

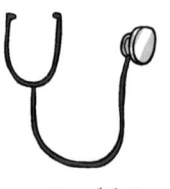

اسٽيٿوسڪوپ

стетоскоп

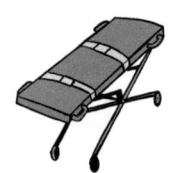

اسٽريچر

ноші

ٽرماميٽر

термометр

پيدائش

народження

موٽاپو

надмірна вага

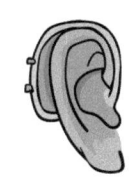

سَمَعْ واري ڈیوائس

слуховий апарат

جراثیم کش

дезінфікуючий засіб

انفیکشن

інфекція

وائرس

вірус

ایچ آئی وی / ایڈز

ВІЛ / СНІД

دوا

медицина

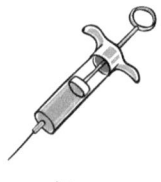

ویکسینیشن

вакцинація

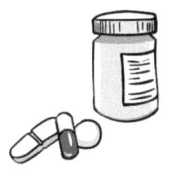

ٹکی

таблетки

گولی

протизаплідна пігулка

ہنگامی کال

екстрений виклик

بلڈ پریشر مانیٹر

тонометр

بیمار / صحت

хворий / здоровий

الارم

сигнал тривоги

مدد

Допоможіть!

جسماني حملو كرڻ

напад

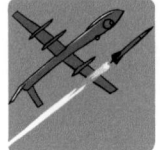

حملو كرڻ

атака

خطره

небезпека

هنگامي حالت ۾ نڪرڻ جو رستو

аварійний вихід

باه

Вогонь!

باه وسائڻ جو اوزار

вогнегасник

حادثو

аварія

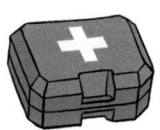

ابتدائي طبي امداد

аптечка

ايس او ايس

СОС

پوليس

поліція

يورپ

Європа

اتر آمريكا

Північна Америка

ذكڻ آمريكا

Південна Америка

أفريقا

Африка

ايشيا

Азія

آسٽريليا

Австралія

اٽلانٽڪ

Атлантика

پيسڦڪ

Тихий океан

بحر هند

Індійський океан

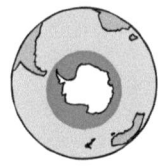

انٽارڪٽڪ سمنڊ

Антарктичний океан

أركٽڪ سمنڊ

Північний Льодовитий
океан

اتر قطب

Північний полюс

ذكرٹ قطب

Південний полюс

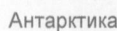

انٹارکٹیکا

Антарктика

زمین

Земля

زمین

суша

سمندر

море

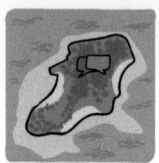

جزيرو

острів

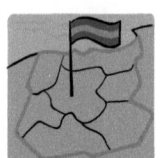

قوم

нація

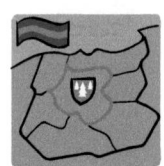

رياست

держава

ГОДИННИК

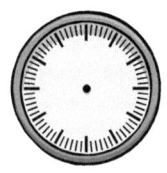

گھڙيءَ جو سامهون حصو

циферблат

ڪلاڪ واري سوني

годинникова стрілка

منٽ واري سوني

хвилинна стрілка

سيڪندن واري سوني

секундна стрілка

ٽائم گھٿو ٿيو آهي؟

Котра година?

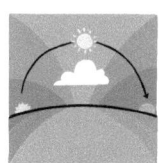

ڏينهن

день

وقت

час

هاڻي

зараз

ڊجيٽل گھڙي

цифровий годинник

منٽ

хвилина

ڪلاڪ

година

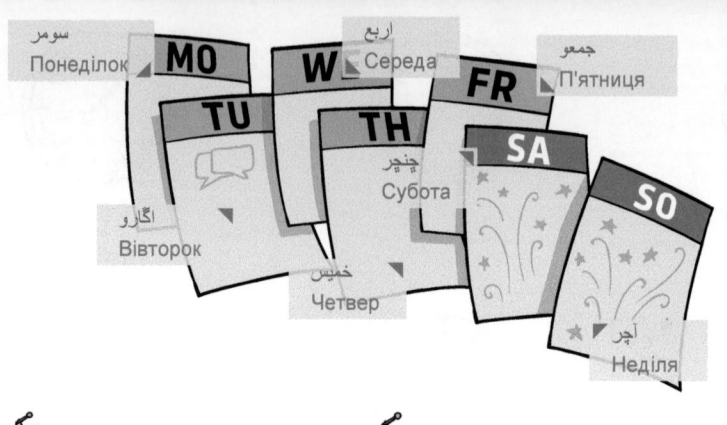

سومر
Понеділок

اربع
Середа

جمعو
П'ятниця

اگارو
Вівторок

خميس
Четвер

چنجر
Субота

آچر
Неділя

كله
вчора

اج
сьогодні

سياݨي
завтра

صبح
ранок

منجهند
опівдні

شام
вечір

MO	TU	WE	TH	FR	SA	SU
1	2	3	4	5	6	7
8	9	10	11	12	13	14
15	16	17	18	19	20	21
22	23	24	25	26	27	28
29	30	31	1	2	3	4

كاروباري ڏينهن
робочі дні

MO	TU	WE	TH	FR	SA	SU
1	2	3	4	5	6	7
8	9	10	11	12	13	14
15	16	17	18	19	20	21
22	23	24	25	26	27	28
29	30	31	1	2	3	4

هفتي جو آخر
кінець робочого тижня

سال

рік

برسات
дощ
انڊلٺ
веселка
هوا
вітер
برف
сніг
بهار
весна
گرمي جي موسم
літо
خزان
осінь
سردي جي موسم
зима

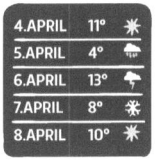

4.APRIL 11°
5.APRIL 4°
6.APRIL 13°
7.APRIL 8°
8.APRIL 10°

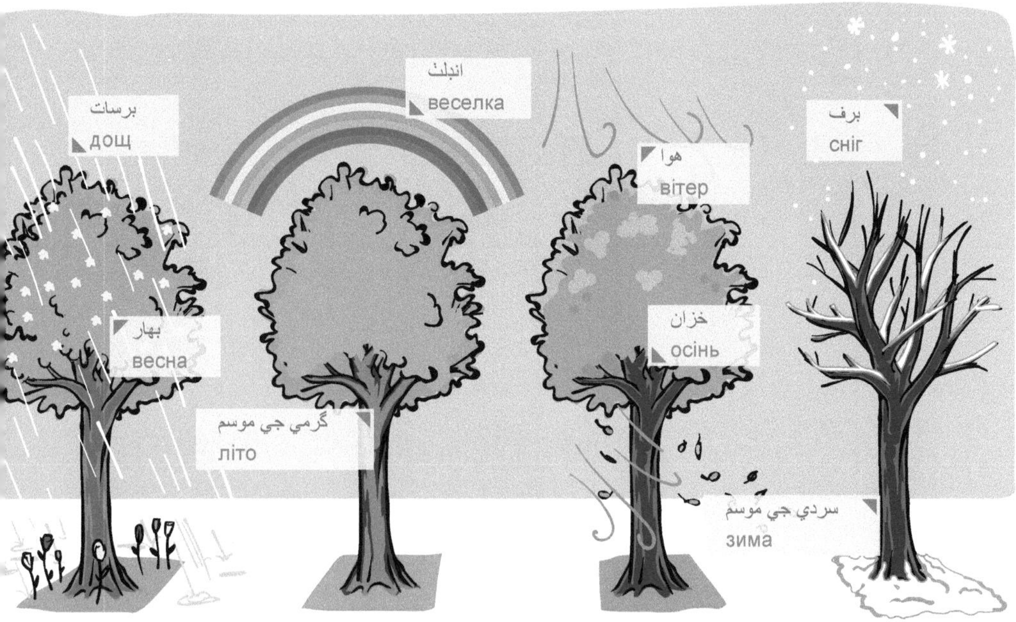

موسم جي پيشنگوهي

прогноз погоди

F
C
120
90
60
30
0
-30
40
30
20
10
0
-10
-20

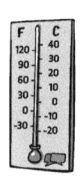

ٿرماميٽر

термометр

اُس

сонячне світло

بادل

хмара

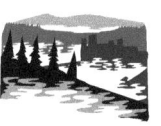

ڌنڌ

туман

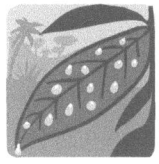

نمي

вологість повітря

آسماني بجلي

блискавка

ٹُر ماميٽر

грім

طوفان

шторм

ڳڙا جو مينهن

град

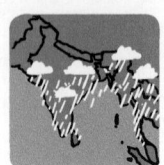

مون سون

мусон

ٻوڏ

повінь

برف

лід

جنوري

Січень

فيبروري

Лютий

مارچ

Березень

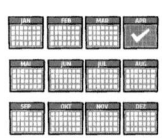

اپريل

Квітень

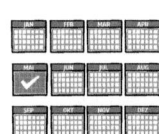

مئي

Травень

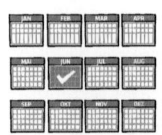

جون

Червень

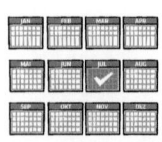

جولائي

Липень

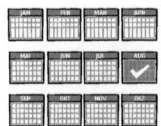

آگسٽ

Серпень

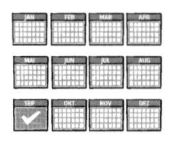

سيپتٚمبر

Вересень

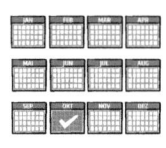

أكتٚوبر

Жовтень

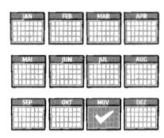

نوٚمبر

Листопад

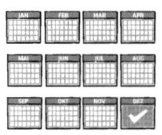

ديسمبر

Грудень

شڪلون

форми

دائرو

круг

چڪور

квадрат

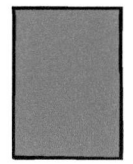

مستطيل

прямокутник

تٚڪنڊي

трикутник

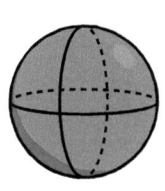

ڪره

куля

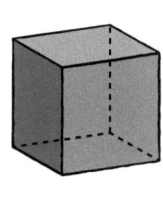

ڪعب

куб

اچو

білий

پيلو

жовтий

نارنجي

помаранчевий

گلابي

рожевий

ڳاڙهو

червоний

جامني

фіолетовий

نيرو

синій

سائو

зелений

ناسي

коричневий

پورو

сірий

ڪارو

чорний

گهٹو / تهوڑو

багато / мало

ناراض / پر سکون

лютий / мирний

خوبصورت / بدصورت

гарний / бридкий

شروعات / ختم

початок / кінець

وڈو / نیو

великий / малий

روشني / اونده

світлий / темний

بهن / بهاني

брат / сестра

صاف / خراب

чистий / брудний

مکمل / نا مکمل

завершений /
незавершений

ڈینهن / رات

день / ніч

مرده / زنده

мертвий / живий

ڈگهو / تنگ

широкий / вузький

كائڻ قابل نه هجڻ / كائڻ جي قابل هجڻ

ïстівний / неïстівний

برو / سنو

злий / дружній

پرجوش / بوريت جوشڪار

збуджений / нудьгуючий

موٽو / پٽلو

товстий / тонкий

پهريون / آخري

спочатку / востаннє

دوست / دشمن

друг / ворог

ڀريل / خالي

повний / порожній

سخت / نرم

жорсткий / м'який

ڳرو / هلڪو

важкий / легкий

بک / اڃ

голод / спрага

بيمار / صحت

хворий / здоровий

غيرقانون / قانوني

незаконний / законний

عقلمند / بيوقوف

розумний / дурний

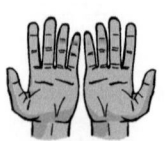

سڻو / ابتو

вліво / вправо

ويجهي / پري

поруч / далеко

نئون / استعمال ثيل

новий / використаний

کجه به نه / کجه

нічого / щось

پوڑهو / نوجوان

старий / молодий

آن / آف

вкл / викл

کليل / بند

відкрито / закрито

خاموش / بلند آواز سان

тихо / гучно

امير / غريب

багатий / бідний

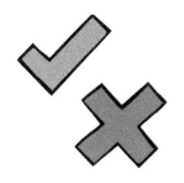

صحيح / غلط

правильно / неправильно

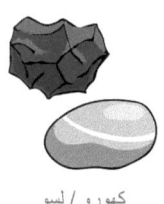

کهورو / لسو

шорсткий / гладкий

غمگين / خوش

сумний / щасливий

مختصر / بگهو

короткий / довгий

آهسته / تيز

повільно / швидко

آلو / سکل ثيل

вологий / сухий

گرم / ٿڌو

гарячий / холодний

جنگ / امن

війна / мир

числа

0	**1**	**2**
زيرو	هڅک	به
нуль	один	два
3	**4**	**5**
ثي	چار	پنځ
три	чотири	п'ять
6	**7**	**8**
چه	ست	اٺ
шість	сім	вісім
9	**10**	**11**
نو	ٹه	يارهن
дев'ять	десять	одинадцять

12

بارهن

дванадцять

13

تيرهن

тринадцять

14

چوڈهن

чотирнадцять

15

پندرهن

п'ятнадцять

16

سورهن

шістнадцять

17

سترّهن

сімнадцять

18

ارّهن

вісімнадцять

19

اوٹويه

дев'ятнадцять

20

ويه

двадцять

100

سو

сто

1.000

هزار

тисяча

1.000.000

ڈه لک

мільйон

انگريزي

англійська

آمريکي انگريزي

американська англійська

چيني ميندارن

китайська
високочиновницька

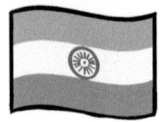

هندي

хінді

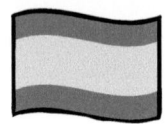

اندلسي ٻولي

іспанська

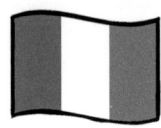

فرانسيسي

французька

عربي

арабська

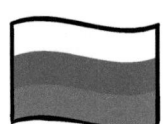

روسي

російська

پرتگالي

португальська

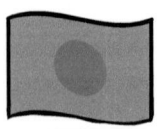

بنگالي

бенгальська

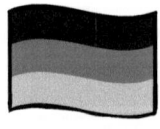

جرمن

німецька

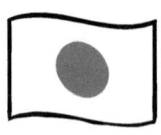

جاپاني

японська

مان
....
я

تون
....
ти

هي چوكري / هي چوكرو / هو
....
він / вона / воно

اسان
....
ми

تون
....
ви

هو
....
вони

كير؟
....
хто?

چا؟
....
що?

كيئن؟
....
як?

كٿي؟
....
де?

كذنهن؟
....
коли?

نالو
....
ім'я

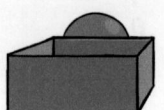

پويان

ззаду

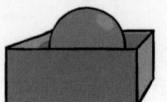

в

جي سامهون

перед

مٿي

над

تي

на

هيٺ

під

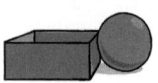

ڀرسان

біля

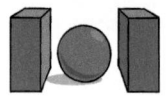

وچ ۾

між

جڳهه

місце